푸른 스커트의 지퍼

―생태시 모음집―

푸른 스커트의 지퍼
오세영 생태시집

초판 인쇄 | 2010년 1월 10일
초판 발행 | 2010년 1월 15일

지은이 | 오세영
펴낸이 | 신현운
펴는곳 | 연인M&B
디자인 | 이희정
기 획 | 여인화
등 록 | 2000년 3월 7일 제2-3037호
주 소 | 143-874 서울특별시 광진구 자양동 680-25호(2층)
전 화 | (02)455-3987 팩스 | (02)3437-5975
홈주소 | www.yeoninmb.co.kr
이메일 | yeonin7@hanmail.net

값 8,000원

저자와의 협의에 의하여 인지는 생략합니다.
ⓒ 오세영 2010 Printed in Korea

ISBN 978-89-6253-045-2 03810

* 이 책은 연인M&B가 저작권자와의 계약에 따라 발행한 것이므로 본사의 허락 없이는 어떠한 형태나 수단으로도 이 책의 내용을 이용하지 못합니다.
잘못된 책은 바꾸어 드립니다.

푸른 스커트의 지퍼

오세영 생태시집

|서문|

    나는 그동안 생태 환경에 대해 나름대로 관심을 가져 왔다. 시도 수십 편 썼다. 그러나 단행본으로 묶이지 못한 탓에 독자들의 주목은 제대로 받지 못한 듯하다. 다행히 문효치 형의 권유로 한 권의 시집을 만들어 본다. 문형에게 감사드린다.
    생태 환경의 중요성은 아무리 강조해도 지나침이 없을 것이다. 마침 내가 한국시인협회장으로 재임할 때 내 자신이 초안한 '생태시 선언문'이 있기에 이 글로서 머리말을 대신하고자 한다.

2010년 새해
청강聽江 오세영

|생태시 선언문|

　대지에서 태어난 인간은 결국 대지로 돌아가는 존재이다. 그러므로 대지는 내 자신이자 어머니이며 나의 현주소이자 나의 고향이다. 그 부드럽고 찰진 흙은 내 살이며, 졸졸졸 맑게 흐르는 물은 내 피이며, 아름답게 우거진 수목들은 내 머리털이며, 장엄하게 출렁이는 푸른 바다는 내 심장이며, 찬란하게 빛나는 하늘은 내 영혼이다.
　자연의 모방인 시는 결국 자연의 재 창작물이다. 그러므로 자연은 시의 어머니이며 시의 현주소이자 시의 고향이다. 그 순결하고 따뜻한 토양은 시심詩心이며, 유장하게 흐르는 강과 시내는 시의 상상력이며, 황홀하게 피어나는 꽃과 나무들은 시의 수사학이며, 밀물과 썰물을 반복하는 파도는 시의 율격이며, 허공을 밝게 비추는 태양은 시의 이념이다.
　인간은 홀로 살 수 없다. 그래서 더불어 사는 존재라고 한다.

그러나 인간은 인간과 더부는 것만으로 살 수 없다. 자연의 보살핌이 있어야만 산다. 인간은 자연의 아들이기 때문이다. 시인 역시 언어만으로 살 수 없다. 자연과의 교감으로 산다. 시는 자연의 모방이기 때문이다. 그러므로 인간을 사회적 동물로만 규정했던 옛 현인의 오류는 이제 수정되어야 한다. 인간은 사회 생태적(socio-ecolgical) 동물인 것이다.

그러므로 시여, 시인이여 이 21세기의 벽두에서 이제 다시 한번 인간 해방을 노래하자. 그것은 수백 년 전 우리의 선배 시인들이 신으로부터의 인간 해방을 노래했듯 이제 인간으로부터의 인간 해방을 노래하는 것을 뜻한다. 시여, 시인이여 이제부터는 인간의 굴레를 벗어나 자연과 더불어 사는 행복을 노래하자. 자연이여, 대지여, 대지에 발을 딛고 사는 인간이여 기리 축복 있으라.

| 차례 |

1부

백화난만 _ 14
담 _ 15
숲 속에서 _ 16
슈퍼마켓 _ 18
꽃씨는 손으로 심는다 _ 20
들꽃 2 _ 21
물의 사랑 _ 22
주차장에서 _ 23
아파트 _ 24
걸프 전쟁 _ 25
신神들의 바둑 _ 26
제초제 _ 27
사랑 2 _ 28
태클 _ 29
지진 _ 30

2부

백색 깃발 _ 32
녹색 테러 _ 33
분노 _ 34
반주飯酒 _ 35
금줄 _ 36
동맥경화動脈硬化 _ 37
그린벨트 _ 38
파업 _ 39
복토覆土 _ 40
인공 수분受粉 _ 41
목성이나 토성엔 _ 42
패륜 _ 43
화산 _ 44
농부 _ 46
생명표 브랜드 _ 47

3부

페스티사이드 _ 50

초록의 공포 _ 52

지구는 아름답다 _ 54

항구 난트켓 _ 56

굽이굽이 계곡을 돌면 _ 58

쇠붙이의 덧없는 종말을 _ 59

아마나에서 _ 60

소백산小白山 _ 62

우포牛浦 늪 _ 63

신성리新城里 갈대 _ 64

함양 상림上林 _ 65

한강은 흐른다 _ 66

삶 _ 67

멧돼지 _ 68

코뿔소 _ 69

4부

축제 _ 72

제자리 _ 73

산불 _ 74

경작을 하며 _ 75

나무 3 _ 76

눈잣나무 _ 78

산문山門에 기대어 _ 79

나를 지우고 _ 80

손 _ 81

나무처럼 _ 82

우리들의 학교 _ 83

장작을 패며 _ 84

보리 _ 85

이 땅에 가을이 돌아와 _ 86

보리가 저렇게 _ 88

5부

천문대 _ 90
기다림 끝에 _ 91
삶 1 _ 92
낙숫물 _ 94
홀로가 아니랍니다 _ 96
산행山行 _ 98
무심히 _ 99
산山의 잠 _ 100
강물 _ 101
시집가는 산 _ 102
들꽃 3 _ 103
아카시아 _ 104
깨달음 _ 105
산과 같이 _ 106
늘 푸른 눈매로 _ 107

| 해설 |
대지의 눈물과 생태적 인간 · 이재복 _ 108

1부

백화난만

대기 오염 탓인가,
날씨가 따뜻해지니
못 견디게 몸이 쓰라린 지구는
이 아침 마침내
붉고 푸른 혈흔을 보였다.
아토피성 피부 질환으로 오는
봄.

담

나무가 항상 한 곳에만 서 있다고 해서
갇혀 있다고 생각치 마라.
움직이는 인간은 담을 쌓지만
서 있는 나무는 담을 허문다.
날라온 오동梧桐씨 하나
자라서 제 선 돌담을 부수고
담쟁이 칡넝쿨 또한 담을 넘는다.
인간은 다투어 금을 쌓아
그 안을 삶, 밖을 죽음이라 이르건만,
그 안을 선, 그 밖을 또
악이라 이르건만
모두는 원래가 한가지로 흙.
인간의 분별은
담과 담 사이에 길을 내서
길이 아니면 가지를 마라고 하나
나무에겐
이 세상 모든 곳이 또한 길이다.

숲 속에서

어떤 것은 예리한 도끼로 쳤고
어떤 것은 잔인하게 톱으로 싹둑
베어버렸다.
외진 숲 속의 잘린 나무들,
아직도 나이테 선명하고 송진향 그윽한데
너는 일말의 적의도 없이
가진 모든 것을
아낌없이 세상에 베풀고 갔구나.
살아서는 꽃과 열매를 주고
우리로 하여
푸른 그늘 아래 쉬게 하더니
어느 악한이 장작 패서 불태워버렸을까,
어느 무식이 너를 잘라 불상佛像을 새겼을까.
그래도 모자람이 있었던지 너는
죽어버린 끌덩에서조차
파아란 이끼를 키우고 또 다소곳이
버섯까지 안았구나.
딱새, 벌, 산꽃, 다람쥐, 풀잎 심지어는
혀를 낼름거리는 꽃뱀까지도
왜 너와 더불어는 평안을 얻는지 이제야
그 이유를 알겠다.

소신공양燒身供養이 따로 없느니
네가 바로 부처인 것을
내 오늘 산에 오르며 문득
자연으로 가는 길을 배운다.

슈퍼마켓

우주가 여기 있구나.
삼라만상森羅萬象 두두물물頭頭物物
없는 것 없다.
심지어 하늘 높이 매달린 태양
그 휘황한 조명 아래
모든 사물들 각자 제자리를 지킨다.
여기는 들인가,
꽃에서 곡식, 채소까지……
여기는 산인가,
나무에서부터 돌, 쇠붙이까지……
여기는 바단가,
어류에서부터 조개, 진주까지……
일사불란.
그러나 아무것도 살아 있는 것은 없구나.
어찌 그렇지 않을 수 있으랴,
가격에 따라
A코너, B코너, C코너……
A좌대, B좌대, C좌대……
가로 세로
금 안의 공간에 놓인 사물들은
단지 하나의 숫자일 뿐.

산을 보아라,
숲과 새와 짐승과 바위가 어디
금을 긋고 살던가.
지구 최후의 날,
이성理性만 남고
인간이 죽어버린 이 세계를 나는 오늘 문득
여기서 본다.

꽃씨는 손으로 심는다

짙푸른 녹음은 얼마나 무서운가.
메뚜기 한 마리 날지 않는 그
절대의 침묵은……
우리는 그것을 잘 자란 보리밭이라고 말한다.
잡초 한 그루 허용치 않는 초록은 동색同色
그 무성한 여름을 위하여
트랙터는 사정없이 부드러운 흙을 뒤집어엎고
고엽제를 연무처럼 뿌려대지만
아니다.
꽃씨는 손으로 심는 것,
꽃들은 결코 동색일 수 없다.

컴퓨터를 버리고 펜을 잡는다.
아직도 펜을 들어야만 쓰여지는
나의 시.

들꽃 2

잘 자란 보리밭아,
이제 너는 농부의 그 고운 땀조차
받기를 꺼리는구나. 괭이를 움켜쥔 그
싱싱한 힘조차⋯⋯
살찐 흙과 입맞춤하며 우리들의 순결한 사랑을
갈던 그 봄의 쟁기는 지금
어디 갔는가.
내 발등에 부서져 내리던 그 부신 햇살은
가슴으로부터 날아올라
푸른 하늘로 솟구치던 종다리의 노래는⋯⋯ 그러나
이제 더 이상
쟁기질하는 대지란 없다.
트랙터가 이랑들을 갈아엎고 제초제가
김매기를 대신하는⋯⋯ 밭둑엔
들꽃 하나 피지 않는데
유전자가 조작된 보리들만 잘 자라 무성하구나.

이제 더 이상
백지에 펜을 긋지 않는다.
한 문장의 이랑도 컴퓨터 없이는 갈지 못하는
내 원고지의 빈 들.

물의 사랑

인간이 불로 어두움을 밝힌다면
자연은 그것을 물로 밝힌다.
계곡은 하나의 거대한 도시,
수맥의 전류로
휘황하게 타오르는 색색의 꽃들을 보아라.
어떤 것은 길가의 가로등으로 서 있고 어떤 것은 주택의
조명등으로 켜 있고 또 어떤 것은 상가의
네온사인으로 반짝이지만
모든 꽃은
물로 달구어진 필라멘트다.
등꽃 가로등 밑을 분주히 오가는 토끼 자동차,
아카시아 조명등 아래서 야근하는 일벌 노동자,
백목련 탐조등을 따라 막 이륙하는 뻐꾹 비행기,
포플러 높은 가지 위의 관제탑에선
까치의 교신이 한창이다.
물질이 불로 사는 짐승이라면
생명은 물로 사는 기계,
인간도 이와 같아라.
사랑 또한 나와 너 사이를 흐르는
수맥이 아니던가.

주차장에서

빈 공간에
무심히 진입하려다 나도 모르게
브레이크를 밟는다.
바닥에 눈부신 꽃잎, 꽃잎,
내 어찌 그 위에 타이어 자국을
낼 수 있단 말인가.
차창 밖으로
무연히 흩날리는 벚꽃을 바라본다.
자연은 버릴 것이 없느니
이 아침 수거함에 내다 버린
내 쓰레기 봉지를 생각한다.
구겨진 한 다발의 원고 뭉치와
몇 개의 빈 맥주 캔,
아직도 젖어 있던 찻잎 찌꺼기 그리고
비닐 약 포지 몇 장,
....
순간 뒤에서 경적이 울린다.
공간을 뺏기지 않으려 반사적으로
가속기를 밟는다.
오늘의 내 쓰레기 목록에
꽃잎 한 움큼을 더 추가시킨다.

아파트

아파트로 이주한 이후부터 항상
코가 막힌다.
실내 공기가 건조해서 그러니
가습기를 틀라 한다.
시멘트 벽은 숨을 쉬지 못하기 때문,
그렇다.
생명은 항상 숨쉬는 곳에서만 태어나는 것,
그래서 풀과 꽃과 나무도 흙에서만
자라지 않던가.
생명은 물기,
마른 공기만이 가득 찬 도시의
아파트는
생선 건조장일지도 모른다.

바싹
말린 좌판의 명태.

걸프 전쟁

땅속 깊숙이
밀폐된 굴 안의 오오크 통 속에서
막 숙성된 포도주를 다시 증류시킨 코냑.
내 사랑 멀리 떠나보낸 날
폭음을 한다.

지금
이 지상은
살육과 파괴의 축제,

몇 억년
지하 수천 미터의 지층 속에서 발효된
몇 갤런의 석유를 유정에서
떠 마시고
어지러워라.
이성의 황홀한- 마비,
그 짜릿한 지구의 파멸이여.

신神들의 바둑

욕망 충족의 시대,
사랑이 추방된 지구는 이제
자본이 세계를 지배하게 되었다.
문명은 인간의 비육肥肉,
── 저 수많은 뚱보들을 보아라.
문화는 즐거운 카니발니즘,
── 저 왕성한 식욕을 보아라.
잘 정돈된 자신의 영지를 내려다보면서
신은 하늘에서 바둑을 두고 계신다.
오늘은 알라가 기독基督을 초청한 날,
아메리카 목장의 살찐 가축들을 도살해
바비큐한 안주로
사막의 유정에서 막 길어올린 독주를 권하며
알라는 기독의 집안에 슬쩍
호구를 친다.
그 답례로
기독도 알라를 초대해 곧
잔치를 벌일 것이다.
신과 신이 겨루는 그 끝없는 승부수.

* 오사마 빈 라덴이 이끄는 테러 조직 알카에다는 2001년 9월 11일 미국에서 항공기를 납치하여 이를 뉴욕의 110층 쌍둥이 무역센터 건물과 워싱턴 국방부 청사를 들이받아 2900여 명의 사망 및 실종자를 냈다.

제초제

오직 한 가지 미지칭이 있을 뿐
이 땅에는 고유명사가 없다.
논에 가득히 자라는 벼포기처럼……
그러나 꽃밭의 달리아, 분꽃, 봉숭아, 백일홍……
사물이 자신들의 이름을 갖는다는 건
비로소 하나의 존재가 된다는 것이 아니던가.
사랑을 잃은 자
이름을 부를 줄 모르는 법,
다만 그 하나에 속할 수 없다는 이유에서
꽃밭에 제초제를 뿌린다.
착한 마음씨의 제화공 로드리고,
성실하고 소심한 우체부 도밍고,
발랄하고 깜찍한 여대생 이사벨,
점잖고 말수 적은 회사원 페르난도,
아, 한순간에 사라진 아또차 역의 그
아름다운 고유명사들.

* 2004년 4월 5일 스페인 마드리드시의 아또차 역에서 사망자 196명, 부상자 1460명을 내는 큰 테러 사건이 발발하였다. 스페인 정부는 이 테러 조직을 바스크 분리주의자로 규정했으나 며칠 후 아랍 테러 조직, 알카에다는 범 아랍계 신문 알 쿠드스와 알 아라비를 통해 스페인의 이라크 파병에 대한 보복 차원에서 자신들이 저지른 사건이라고 주장했다.

사랑 2

세상 사는 일이 무엇이던가
우주는 자연을 기르고,
자연은 생명을 기르고,
생명은 사랑을 기르고,
사랑은 또 우주를 기르나니
저 무심한 바위도 홀로
이끼를 기르지 않던가.
혹독한 추위를 견디며 바위가
금가지 않으려, 깨지지 않으려 버티는 이유도 실은
여기에 있을 것,
억만 년 지구를 감싸 안고 도는
태양의 사랑이여.

태클

숲으로 숲으로, 산으로 산으로
자연을 공격하는 저 아스팔트의 저돌猪突,
한밤중
설악산雪嶽山 국립공원 미시령을 넘다
갑자기 뛰어든 노루에 놀라서
급히 브레이크를 밟는다.
순간,
─── 찌이익 ───
벼랑에 간신히 멈추어 선 앞바퀴.
몸을 사리지 않는
그의 깊숙한 태클.

지진

지구는 습진으로 피부가 짓물었다.
농경이다. 개발이다. 파헤치는 산과 들,
가려움 참을 수 없어 지친 몸을 뒤튼다.

따끔따끔 쏘는 빈대, 사정 없이 무는 벼룩,
혈관에서 뽑는 석유, 살 속에서 캐는 석탄,
괴로움 참을 수 없어 팔다리를 비튼다.

2부

백색 깃발

제초제를 뿌렸나.
농약을 뿌렸나.
논두렁에 마구 버린 빈 비닐봉지
바람에 스르르 날리더니
그 하나가
마른 가지 끝에 걸려 팔랑거린다.
백색 깃발.

무엇의 경고인가.

녹색 테러

돌연 폭풍이 휘몰아치더니 한바탕
세차게 퍼붓는 우박.
잘 익어가던 과수원의 사과들이 맥없이 땅에 떨어져
질펀하게 나뒹군다.
무성히 키워가던 텃밭의 여린 배추들도 일시에
짓밟혀 널브러져 있다.
한여름 밤의 기상이변.

이라크 민중처럼
보복은 보복을 부른다.
환경 파괴에 견디지 못한 자연의
저 녹색 테러.

분노

역사상 지금처럼
억압과 수탈이 강요된 시대가
언제 있었던가.
댐이다. 방조제다. 옹벽 친 산간도로다
곳곳마다 가로막힌 물길과 산맥
채굴이다 남벌이다. 개간이다. 증산이다.
곳곳마다 파헤친 들과 숲
자연은 지금 온통 분노와 증오에 떨고 있다.
드디어 인내의 한계에서 폭발한 저 민중의
절규,
걷잡을 수 없는, 통제불능의
폭력 시위다.
쓰나미, 대홍수 그리고
유례 없는 지진과 대 기근.

반주飯酒

조금 전까지도 살아
유유히 바다를 회유하고 있었을 우럭 한 마리
잡아서 회쳐 먹는다.
칼로 점여 난자된 채 널부러진 그 생명
아니 아직도 살아 도마 위에서
바르르 떨고 있는 육신,
그 살점 하나 집어 초장에 찍어 먹으면서
싱싱하게 감칠갓 난다고 한다.

아, 살아 있는 것을 살아 있는 것들이 잡아먹는
참혹함이여.
어찌 맨 정신으로 저지를 수 있으리.
한 잔의 술로
이성을 마비시키지 않고선.

금줄

자동차, 보행자가 함께 뒤엉켜 소란스러운
시청 앞 넓은 잔디 광장,
항상 군중집회로 몸살이다.

금잔디, 그 사이 간혹 끼인 들꽃들
백두白頭에서 왔겠지, 혹은 한라漢拏에서……
환경 파괴 항의하려
광장 가득히 스크럼을 짠 풀잎들의 시위,
처절한 자연의 생존투쟁

누구를 보호하기 위함일까
잔디밭 주위를 삥 둘러친
폴리스 라인.

동맥경화 動脈硬化

단 몇 시간
게릴라성 집중호우로 터져버린 둑,
노오랗게 잘 익어가던 무논의 벼들이
한순간
무섭게 들이닥친 급류에 휩쓸려
모조리 쓰러져버렸다.
긴급 복구,
앰뷸런스가 달려오고
차가운 침상의
의식을 잃어버린 심장에
메스를 든 의사들의 손놀림이 심각하다.
막힌 혈관을 찾아라
관상동맥을 이어라.

야금야금 숲을 베고 능선을 뭉개버린 산지에서
흘러든 토사,
그 침전물로 막혀버린 무논의 수로 水路.

그린벨트

어느새 자연은
전쟁터가 되었다,
격리된 수용소의 난민 일족이
굶주림에 지쳐 월경하다가
탕 탕,
적탄에 맞아 쓰러진다.

숲 속을 뛰쳐나와
잘 정리된 농지의 밭고랑에서
피를 흘리며 나뒹구는 한 떼의
멧돼지.

그린벨트,
자연과 대치하는 전선戰線, 그리고
파아랗게 떨고 있는 대지.

파업

앞 다투어 시커멓게
굴뚝으로 배출한 오염물질로
대기 중 근로조건은 숨을
쉴 수 없을 만큼 악화,
구튼 공장에서 작업하던 바람과
햇빛과 수증기가 일제히
파업을 단행했다.

유례없는 대 가뭄.

지상의 초목들은 무참하게 시들어 간다.

전력 공급과 수도가 끊긴 한여름 밤 서울의
찜통더위.

복토覆土

만성 위염으로
기운이 쇠진하여 이제 드러눕게 된 몸,
영양제, 항생제로 겨우겨우 버티다가
할 수 없이 이 봄
외과 처방을 받는다.

지력地力이 다해 복토한 논을
오늘 처음으로 흙을 골라 골을 치고
써레질한다.

위 절개 봉합 수술.

인공 수분受粉

살충제, 제초제, 비료를 먹고 이 만큼
잘 자랐나?
어디를 보아도 튼실하고 멋진 몸매
철 만난 과원의 복숭아꽃 활짝 만개,
몸을 열었다.
그러나 아무리 꽃가루를 날려 기다려도
정작 날아들지 않은 벌, 나비, 풍뎅이.
성희롱인가.
애꿎은 봄바람만 꽃잎을 살살 간질일 뿐

과교육過教育을 견디지 못해 가출한 양갓집
소녀 하나,
거리 부랑자의 손에 잡혀 그만
순결을 잃고 말았다.

목성이나 토성엔

새벽 산책길에서
살모사가 개구리 한 마리를 잡아
입에 삼키는 것을 보았다.
어제 저녁에 나도
꽁치 한 마리를 통째로 구워먹지 않았던가.
하나의 생명을 먹고 사는 다른 또 하나의 생명
죽은 자는 죽인 자의 어머니,
이 무참하게 저지른 죄를 씻기 위해 산 자는
식사 후 항상
물로
자신의 내장을 헹구어낸다.
아무도 살지 않은 목성이나 토성엔
물도 필요 없지 않던가.

패륜

땅에서 태어나 땅에서 살다가
땅으로 돌아가는 생명의 근원은 땅.
그러나 언제부터인가. 유독
인간만이
의상을 두르고, 신발을 신고
흙을 경멸하기 시작한 것은……
침을 뱉고 구둣발로 짓밟아 모욕하기
수천 년,
아, 이제는 멀쩡한 땅에 아스팔트까지 깔아
아예 생매장을 해버렸구나.
세상에
제 낳아준 어머니를 버리는 패륜은 없다.
그러니 어찌 하늘의 진노를 무심타 할까.
예나 제나
맨몸으로 대지에 안겨 사는 저
짐승들을 보아라.
세상을 뒤집는 해일과 대 지진과 기근에도
재앙을 받는 자 과연
하나라도 있던가.

화산

어느 공장에서 만든 제품들일까.
아름다운 꽃,
싱싱한 나무,
활기찬 짐승,
아아, 생각하는 인간도 있다.
밤낮 쉬지 않고
검은 연기를 내뿜는 저 거대하고 우람한
산정의 굴뚝을 보아라.
어느 용광로에 틈이 갔나.
수시로 불쑥 토해내는 뜨거운 마그마,
번쩍
전기 용접에서 튀는 번갯불,
간단없이 선반의 압착기가 두드리는
우레 소리,
그러나 아직 공급 물량이 부족한 물품도
적지는 않다.

──중동의 사랑,
──한반도의 화해
──미국의 희생
──유럽의 양심

──아프리카의 나눔
──남미의 상생,

지구는 우주의 거대한 대장간, 그러나
지금은 지배인을 갈아야 할 때가
지나지 않았을까.
예수 혹은 석가 아니면 공자?

농부

농부는
대지의 성감대가 어디 있는지를
잘 안다.
욕망에 들뜬 열을 가누지 못해
가쁜 숨을 몰아쉬기조차 힘든 어느 봄날,
농부는 과감하게 대지를 쓰러뜨리고
쟁기로
그녀의 푸른 스커트의 지퍼을 연다.
아, 눈부시게 드러나는
분홍빛 속살,
삽과 괭이의 그 음탕한 애무, 그리고
벌린 땅속으로 흘리는 몇 알의 씨앗.
대지는 잠시 전율한다.
맨몸으로 누워 있는 그녀 곁에서
일어나 땀을 닦는 농부의 그 황홀한 노동,
그는 이미
대지가 언제 출산의 기쁨을 가질까를 안다.
그의 튼실한 남근이 또
언제 일어설지를 안다.

생명표 브랜드

고르게 공급하는 전력이
제대로 공장을 돌리는 것처럼
때맞춰 대는 물이 또한
논밭을 잘 가동시킨다.
물로 만드느냐.
불로 만드느냐.
이 세상 모든 것은 공장의 제품,
자연은 물로 돌아가는 공장이다.
거미줄처럼 얽힌 저 물길들의
전선을 보아라.
지상의 강물은 고압선,
지하의 수맥들은 일반선,
농부는 오늘도 저수지에서
잘 변압된 전기를 끌어와
논밭을 가동시킨다.
질서 정연하게 돌아가는 생산라인의
하자 없는 제품,
그 생명표 브랜드.

3부

페스티사이드*
—아메리카 인디언에게

정원이나 공원이나 묘지나
미국의 잔디는 보기에 아름답다.
경계를 나누어
상가와 택지와 오피스 빌딩 사이에 조성한
자연녹지 보존지역,
스프링클러가 공급하는 수분을
조석으로 빨아 먹고,
정원사가 제공하는 비료를
밤낮으로 받아먹고
무성한 푸르름을 자랑하지만
너희는 모른다.
너희가 왜 거기 있어야 하는가를,
너희에겐 왜 침묵이 필요한가를,
메뚜기도, 개미도, 진드기도 더 이상
더불어 살 수 없는
간헐적인 살충제 살포,
무덤보다도 더 고요한 그 정적.
경계를 나누어
이쪽을 공원지역이라 한다.
코파 야생동물 보존지역** 곁에 있는
파파고 인디언 보호지역***.

* 페스티사이드(pesticide): 정기적으로 행하는 살충제 살포.
** 코파 야생동물 보존지역(Kofa National Wildlife Refuge): 아리조나주에 있음.
*** 파파고 인디언 보호지역(Papago Indian Reservation): 코파 야생동물 보존지역 옆에 있음.

초록의 공포

부리티쉬 콜럼비아
부차트 가든*의 잘 자란 진초록 잔디,
사람들은 그 위에서 일광욕을 즐기고
웃통을 벗은 채 낮잠에 들고
독서를 하지만
그들은 초록의 공포를 모른다.
정해 준 자리에서 한 치라도 위를 넘보면
여지없이 잘리는 머리,
허락된 생활에서 벗어나 한 치라도 손을 뻗치면
여지없이 잘리는 또 팔과 다리,

WARNING!
TRESPASSING PROHIBITED
VIOLATOR WILL BE PROSECUTED
    (경고!
    무단 출입자는 처벌됨)

WARNING!
NEIGHBORHOOD
CRIME WATCH
    (경고!
    이웃들이 범죄를 감시하고 있음)

NOTICE!

24 HRS PROTECTED BY BAY ALARM

BURGLARY, FIRE, HOLD-UP
   (주의!
   도둑, 화재, 노상강도 등
   베이 경비회사에서 24시간 지키고 있음)

NOTICE!

AT&T SECURITY SYSTEM

24 HRS MONITORING
   (주의!
   에이. 티. 엔 티. 보안시스템이
   24시간 주시하고 있음)

아메리카의 어디를 가나

잔디는 푸르고 아름답지만 사람들은

초록의 공포를 모른다.

선을 긋고

구역을 나누어

끊임 없이 잘리고 깎이는

아메리카의 잔디,

아메리카의 평등.

* 부차트 가든(Butchart Garden): 캐나다 부리티쉬 컬럼비아주에 있는 세계적으로 아름다운 정원, 1904년 로버트 핌 부차트 부부가 만들었음.

지구는 아름답다

아름답구나,
호수 루이스*.
에메랄드 색깔이라 하지만
어찌 보면 고려의 하늘색 같기도 하고
또 어찌 보면
이육사의 청포도색 같기도 한 너의
눈빛,
살포시 치켜 뜬 자작나무 속 눈썹 사이로
꿈꾸듯 흰 구름이 어리는구나.
태고의 만년설로 면사포를 해 두른 너 록키는
지구의 정결한 처녀,
내 오랫동안 이를 믿어왔거니
그 청옥빛 눈매가
그 무구한 눈짓이
바로 병색임을 내 오늘 알았노라.
모든 독을 지닌 것은 아름다운 것,
모든 침묵하는 것은 신비로운 것,
산성비에 오염된 호수에서는
아무것도 살지 못한다.
결핵을 앓는 소녀가 아름다워지듯
아마존에서, 킬리만자로에서

폐를 앓는 지구는 더 아름답다.
박명한 미인처럼 아름답다.

* 호수 루이스(Lake Louise): 캐나다 록키 국립공원 밴프 가까이에 있는 아름다운 호수, 근처 산봉우리의 하얀 만년설과 호수의 특이한 물색이 어울려 절경을 자아내고 있음. 그 특이한 물색깔은 산성비의 오염에서 비롯된 것임.

항구 난트켓*

난트켓은 항구다.
추억에 산다.
예전처럼
떡 벌어진 어깨에 불거진 근육의 사내들도 없고,
그 사내들이 내지르는 휘파람 소리도 없고
그 휘파람 소리에 들떠
머리에 석류꽃 꽂고 모여들던
처녀들도 없다.
난트켓은 항구다.
바람은 지금도 대서양 쪽에서 불어오고,
조류는 여전히 카리브 해로 흐르고
황금빛 너울은 수평선 너머 멀리
가물가물 손짓하지만
이제 아무도 바다에 나가지 않는다.
한때 고래의 심장을 겨누던
은빛 작살과
힘의 긴장으로 반동하던 밧줄의 치차는
박물관 전시대에서 녹슬 뿐인데
난트켓은 항구다.
폐선이 되어 선창가에 묶인 배,
그 포경선의 갑판에는 이제 사내들이 음식을 나르고

처녀들은 술을 판다.
고래가 사라진 난트켓은
에이허브도, 이스마엘**도 없는
목포처럼 그저 항구다.
추억에 산다.

* 난트켓(Nantucket): 매사추세츠주의 대서양 연안에 떠 있는 섬 그리고 그 섬에 있는 동명의 항구, 19세기에 미국의 고래잡이 기지로 유명했다. 그러나 지금은 고래의 번식 위기로 쇠퇴 일로에 있음. 허만 멜빌의 〈모비 딕〉의 배경이 됨.
** 에이허브, 이스마엘: 소설 〈모비 딕〉의 인물들.

굽이굽이 계곡을 돌면
―미국 요세미티 공원에서

허망도 하여라.
비경을 좇아 굽이굽이 계곡에 들면
막아서는 캠프장 하나,
선경을 좇아 줄기줄기 능선을 오르면
기다리는 비스타 포인트* 하나,
양파 껍질 벗기면 빈 속 나오듯
바비큐나 해 먹고 놀고 가란다.
나의 조국 코리아의 비경 끝에는
산신령께 기도 드릴 제단 있는데,
나의 조국 코리아의 선경 끝에는
시를 읊어 걸어놓을 정자 있는데
허망도 하여라.
이 나라의 풍광 좋은 산과 계곡엔
R.V**, 공원만이 들어찼구나.
산신령과 한 몸 이룰 생각은 않고
이동 주택 끌고 와서
즐기는구나.

* 비스타 포인트(vista point): 경치를 조감할 수 있는 지점.
** R.V(Recreational Vehicle): 야외에서 숙식할 수 있도록 편의 시설이 갖추고 있어 휴가 때 이용되는 자동차. 이동 주택.

쇠붙이의 덧없는 종말을

버려진 땅이라지만
흙이 어찌 금보다 귀치 않으리.
제롬*에 가면 알리라.
사막에 솟아오른 불모의 바위 산
밍거스, 그러나
그 벼랑에 버려진 흙더미에서는
종려나무, 푸른 그늘을 드리우고
마리포사, 유카꽃**도 흐드러지게
피느니
인간의 탐욕은 금을 찾아서
암반에 실없이 허공을 내지만
메꾸어진 흙은 가슴으로
생명을 받는다.
녹슨 레일, 무너진 갱도,
제롬에 가면 알리라.
쇠붙이의 덧없는 종말을,
시간은 금이 아니고
흙이라는 것을.

* 제롬(Jerome): 아리조나 사막지대의 암산(岩山) 밍거스(Mingus 7743ft.) 산록의 벼랑에 건설된 금 광산촌. 서부의 골드러시 때 금이 발견되어 소위 엘도라도의 하나로 알려진 곳. 그러나 지금은 폐광이 되어 골드러시의 향수를 재현한 관광촌으로 변모되었음.
** 마리포사(Mariposa), 유카(Yucca): 사막에서만 피는 아름다운 꽃들.

아마나*에서

고집쟁이 영감님 애미쉬**,
수염은 절대 깎지 않고,
자동차나 비행기는 절대 타지 않고,
전깃불은 절대 켜지 않고
까만 모자에,
까만 코트에,
까만 말이 끄는 마차는 절대 타고.
고집쟁이 영감님 애미쉬,
햄버거는 절대 먹지 않고,
티브이나 라디오는 절대 보지도 듣지도 않고,
컴퓨터는 절대 갖지 않고,
하얀 집에,
하얀 식탁에,
하얀 우유는 절대 마시고
그의 채소밭에서 자란 홍당무는
유난히 굵다.
그의 까만 말이 쟁기로 갈아엎는
문명,
그의 밭에는
햇빛과 바람과 샘물이 있을 뿐이다.
수염은 절대 깎지 않고,

자동차, 비행기는 절대 타지 않고,

전깃불은 절대 켜지 않고

까만 모자에,

까만 코트에,

까만 말이 끄는 마차는 절대 타고

고집쟁이 영감님 애미쉬.

* 아마나(Amana): 아이오아주에 있는 소읍, 애미쉬들이 집단으로 거주하며 특이한 생활 양식으로 살고 있음.
** 아미쉬(Armish): 개척 시대 독일에서 이민을 와 한 특정한 기독교 종파를 믿는 사람들로 문명을 철저히 거부하며 자연으로 되돌아가고자 한다.

소백산小白山

조령鳥嶺, 죽령竹嶺 산길을 따라왔더냐.
굽이굽이 남한강南漢江 물길을 좇아왔더냐.
예서 더 오를 수도 있었다만
이쯤 터를 잡아
한 세상 아름답게 문을 여는 철쭉아,
더 높고 큰
가까이는 태백이 있고
멀리 또 백두가 있거니
풍기豊基, 단양丹陽, 영월寧越, 제천堤川 국토의 허리에 자리해서
스스로 소백小白이라 일컫는 그 겸손함이여.
비록 넓은 강역이라 할 수는 없겠으나
어찌 마음조차 편협할 수 있으랴.
네 가슴 따뜻한 피가 돌아
한 세상 아름답게 봄꽃 피느니
스스로 자신을 낮추는 자가 베푸는
그 넉넉함이여.
세상 사는 이치 또한 이 같지 않더냐.

* 소백산의 봄 철쭉은 전국적으로 유명하다.

우포牛浦 늪

한 세상이 다른 세상을 기대고
한 삶이 다른 삶을 키우는
우주는
또 하나의 큰 생명,
반딧불 반짝 천지가 환하고
풀 여치 한 울음에 만물이 화답한다.
생이가래, 자라풀, 마름, 가시연꽃……
아, 작아도 고귀한 것들이여.
네 품에 한 생이 태어나고
한 생이 다시 또 너를 품나니
철 따라 드나드는
고니, 기러기, 고방오리, 논병아리……
실은 너와 다름이 없구나.
경상남도 창녕군昌寧郡 이방면梨房面 옥천리玉川里 우포 늪,
화엄華嚴 장엄莊嚴 삼천三千 대천大天 거기 한 세계가 있어
갈대 잎 하나에 우주가 잠들고
이슬 한 방울에 영겁이 숨 쉰다.

신성리新城里 갈대

흘러 흘러 강이지만
갈대는 언제나 제자리를 지킨다.
쓸쓸히 그러나 의연히
시류를 지켜보는 그의 눈.
비록 찬바람에 흔들리기는 하나
추위로 시퍼렇게 얼어붙는 겨울 강에 맞서 결코
휘지 않는 갈대는
갈대라서
갈게, 민새우, 철새……
남과 더불어 살 줄을 안다.
약한 생명을
따뜻하게 껴안을 줄을 안다.
큰 물 휘도는 강가라면 이 땅 그 어디나
어찌 숨어사는 갈대가 없겠는가.
그러나 백제 유민의 피를 받아서일까.
가장 꼿꼿하고 강인하게 제자리를 지키는
서천군舒川郡 한산면韓山面 금강錦江 하구
신성리 갈대.

함양 상림上林

예나 제나 땅에 나무를 심는 마음은
생명에 대한 확신이 있기 때문이다.
신라시조 혁거세도
계림에서 태어났다 하지 않던가.
예나 제나
땅에 또 나무를 심는 마음은
미래에 대한 확신이 있기 때문이다.
오늘 지구가 멸망한다 해도
한 그루 사과나무를 심는다 하지 않던가.
팔랑재 너머, 육십령 너머
함양咸陽 대덕 위천渭川가 넓은 숲에는
신라 시인 최치원崔致遠이 생전에 가꾼
천년 거목 활엽수
군락이 있다.
신라어新羅語로 새가 울고
신라어로 물 흐르는
경상도 함양 당 상림 숲 속을 오늘은
현대시인 오세영이
시 쓰러 간다.
핵폭탄 위협을 모른 체하고
환경오염 경고를 아랑곳 않고.

한강은 흐른다

한강은 흐른다.
산과 들,
복숭아, 진달래, 꽃망울 터뜨리며
오늘도 무지개로 소리 없이
흐른다.

한강은 흐른다.
논과 밭,
청보리, 무, 배추 파아랗게 물들이며
오늘도 비단길로 말 없이
흐른다.

눈보라 휘날린들 멈출 수 있으랴.
폭풍우 몰아친들 돌아갈 수 있으랴.
흐르고 흘러서 영원이리니
대양에 이르러야 우리인 것을,

한강은 흐른다.
마을과 도시에
저마다 생生의 등불 환하게 밝히면서
오늘도 은하수로 묵묵히
흐른다.

삵

어제는 울안의
염소가 한 마리 사라지더니
오늘은 양계장의 닭 두세 마리가
실종되었다.
현장은 오직 바닥에 떨어진 깃털 몇 개와
핏방울.
그 왼 아무 흔적이 없다.
공포에 질린 닭들이 날 새도록 푸드득 거린다.
얼굴 없는 범인의 잔혹한 연쇄 살인.
상습 납치범일까. 혹은
성도착증 환자?
아, 그러나 심야에 울어대는 숲 속의 그
앙칼진 경고,
자연을 침범치 마라.
인간과 동물의 분쟁지역에서 날마다
소리 없이 자행되는 저
녹색의 테러.

멧돼지

자연과 문명의 접경에서 벌어지는
치열한 전투,
한 치의 땅이라도 확보하라.
매복조 한 소대가
소리 없이 전선을 남하한다.
한순간
인간의 초소들이 쑥밭이 된다.

―우리의 이념은 생명.
―우리의 목표는 공화국 건설.

높이 들어라. 녹색 깃발을,
우리들은 인간에게 빼앗긴 영토를
탈환하겠다.

잘 경작된 농지를 습격해 무력화시키고
흔적 없이 사라지는
녹색 전사들,
그 자연의 파르티잔.

코뿔소

최후까지 사수해야 할 보루
맑은 공기,
신선한 햇빛,
깨끗한, 그리고
푸르게 자라는 숲.
진정 소중하게 지켜야 할 것이
무엇인가를 아는 자의 신념은
비록 거칠고 험상스럽다 해도
아름답다.

몸에 철갑을 두르고
손엔 날카로운 창 하나 꼬나 쥔
정글의 기사,
녹색 성문 앞에서 굳건히 자리를 지켜
버티고 서 있다.

4부

축제

해마다 일월이면
강원도江原道 인제麟蹄 땅 소양호昭陽湖에선
각지에서 몰려든 수만 인파로
살생을 낙樂을 삼아 흥청이나니
일컬어 빙어氷魚축제라 한다.
호수의 얼음을 깨고 혹은 꼬챙이로 찍어 혹은
바늘로 꿰어 잡아 올린 빙어를
한쪽에선 굽고,
한쪽에선 튀기고,
한쪽에선 끓이고
또 한쪽에서는 살아 팔딱 거리는 그대로
초장에 찍어 냉큼 목에 넘기면서
참 즐거운 하루였다고 무릎을 친다.
살을 태우는 그 연기여, 냄새여.
신神이 인간을 잡아 이토록 회를 쳐 먹어도
즐거운 손가.
나 비록 채식주의자는 아니고
불문佛門에 입교한 빈도貧道는 더더욱 아니건만
차마 이 아비규환阿鼻叫喚을 축제라
부를 수는 없구나.

제자리

급류急流에
돌멩이 하나 버티고 서 있다.
떠밀리지 않으려고 안간힘 쓰며
제자리를 지키고 있다.
떠가는 꽃잎처럼,
풀잎처럼
흐르는 물에 같기면 그만일 터인데
어인 일로 굳이 생고집을 부리는지.
하늘의 흰 구름 우러러 보기가
가장 좋은 자리라서 그런다 한다.
이제 보니 계곡의 그 수많은 자갈들도
각자 제 놓일 자리에 놓여 있구나.
아서라.
일개 돌멩이라도
함부로 옮겨서는 아니 될 듯.
뒤집을 일은 더욱 아니 될 듯.

산불

꽁초,
함부로 버리지 마라.
온전히 연소해 재가 되지 않는 불은
한恨을 갖는 법,
길바닥에 내팽개쳐 짓밟히기보다는
차라리
그대 가슴 까맣게 불태우리라.
한때 농락의 대상으로 달아올랐던 몸,
아직 채 식지 않은 관능,
입술로 자근자근 씹고 혀로 살살 애무하다가
차창 밖으로 휙 내 뱉은 꽁초 하나
일을 낸다.

경작을 하며

가로 세로
반듯하게 정리된 경작지엔
가을 들어
벼들이 노오랗게 무르익었다.

원고지에
빼곡히 쓰인 글자 글자들.

바닥이 수평을 잡아야
가뭄에도
물이 잘 들 수 있는 무논처럼
편견 없는 마음이
정직한 글을 쓴다.

비로나 제초제는 가능한
쓰지 마라.
온종일 들판에서 생명을 키우는
유기농경작 농부,
우리들 시인.

나무 3

나무가 쑥쑥 위로 키를 올리는 것은
밝은 해를 닮고자 함이다.

그 향일성向日性.

나무가 날로 푸르러지는 것은
하늘을 닮고자 함이다.
잎새마다 어리는
그 눈빛.

나무가 저들끼리 어울려 사는 것은
별들을 닮고자 함이다.
바람 불어 한 세상 흔들리는 날에도
서로 부둥켜 안고 견디는 그
따뜻한 가슴.

나무가 촉촉이 수액을 빨아올리는 것은
은핫물을 닮고자 함이다.
하나의 생명이 다른 생명에게 흘려준
한 방울의 물.

가신 우리 어머니가 그러하시듯
산으로 가는 길은 하늘 가는 길.

나무가 날로 푸르러지는 것은
하늘 마음, 하늘 생각 가슴에 품고
먼 날을 가까이서 살기
때문이다.

눈잣나무

눈보라치는 겨울에도
당신의 젖가슴은 얼마나
따뜻했던가.
바위가 지란芝蘭을 품어 기르듯
눈밭에 눈잣 한 그루
다람쥐 몇 마리를 안고 있다.
칼바람 추위로 온 산은 오돌오돌
떨고 있는데,
벗은 나무는 하이얗게 굳어 있는데
눈잣나무 가슴 헤치고
솔방울 몇 개
다람쥐 마른입에 물리고 있다.
바위가 지란을 감싸 기르듯.

산문山門에 기대어

산이 온종일
흰 구름 우러러 사는 것처럼
그렇게 소리 없이 살 일이다.
여울이 온종일
산 그늘 드리의 사는 것처럼
그렇게 무심히 살 일이다.
꽃이 피면 무엇하리요.
꽃이 지면 또 무엇하리요.
오늘도 산문山門에 기대어
하염없이
먼 길을 바라는 사람아,
산이 온종일
흰 구름 우러르듯이
그렇게 부질없이 살 일이다.
물이 온종일
산 그늘 드리우듯이
그렇게
속절없이 살 일이다.

나를 지우고

산에서
산과 더불어 산다는 것은
산이 된다는 것이다.
나무가 나무를 지우면
숲이 되고,
숲이 숲을 지우면
산이 되고,
산에서
산과 벗하여 산다는 것은
나를 지우는 일이다.
나를 지운다는 것은 곧
너를 지운다는 것,
밤새
그리움을 살라 먹고 피는
초롱꽃처럼
이슬이 이슬을 지우면
안개가 되고,
안개가 안개를 지우면
푸른 하늘이 되듯
산에서
산과 더불어 산다는 것은
나를 지우는 일이다.

손

코 속에 들어와 간질이는
개미 한 마리,
손가락 끝으로 문질러 죽일까, 말까,
어느새 한 놈은
사타구니 새로 들어와 따끔 문다. 또
죽일까, 말까.

땡볕을 피해
홰나무 그늘 아래 누워서 즐기는 낮잠,
어깨로부터 뻗어내린 팔뚝의 능선에서
산은 손가락을 모두고 있는데
우주의 큰 손안에 누워, 죽일까,
말까,
개미 한 마리.

나무처럼

나무가 나무끼리 어울려 살 듯
우리도 그렇게
살 일이다.
가지와 가지가 손목을 잡고
긴 추위를 견디어 내듯

나무가 맑은 하늘을 우러러 살 듯
우리도 그렇게
살 일이다.
잎과 잎들이 가슴을 열고
고운 햇살을 받아 안 듯

나무가 비바람 속에서 크듯
우리도 그렇게
클 일이다.
대지에 깊숙이 내린 뿌리로
사나운 태풍 앞에 당당히 서듯

나무가 스스로 철을 분별할 줄을 알 듯
우리도 그렇게
살 일이다.
꽃과 잎이 피고 질 때를
그 스스로 물러설 때를 알 듯

우리들의 학교

벽지분교僻地分校 교정에선
산서 울음소리.

낙도분교落島分校 교정에선
물서 울음소리.

도시본교都市本校 교정에선
애완견 기침소리.

장작을 패며

장작은 나무가 아니다.
잘리고 토막 나서 헛간에 내동댕이친 화목火木,
영혼이 금간 불목하니.
한때 굳건히
대지에 뿌리를 박고
가지마다 무성하게 피워 올린 잎새들로
길가에 푸른 그늘을 드리우기도 했다만,
탐스런 과육果肉으로
지나던 길손의 허기진 배를
채워주기도 했다만
잘려 뽀개진 나무는 더 이상
나무가 아니다.
안으로, 안으로 분노를 되새기며
미구에 닥칠 그 인내의 한계점에서면
내 무엇이 무서우랴. 확
불지르리라.
존재의 빈터에 버려져
처절히 복수를 노리는 저
차가운 이성,
잘린 나무는 나무가 아니다.
금간 것들은 이미 어떤 것도,
아무것도 아니다.

보리

보리는 겨울에 싹을 틔운다.
찬 바람을 오히려
가슴으로 끌어안는 그 사랑,
보리는
언 땅에도 뿌리를 내릴 줄을 안다.
보리는 겨울에 잎을 피운다.
아득히 눈 속에 묻혀
추위를 추위로 이겨내는 예지,
보리는 어둠 속에서도
빛을 향해 나아갈 줄을 안다.
보리는 겨울에 자란다.
밟힐수록 더욱더
푸르게 일어나 패는 이삭,
무저항이 폭력을 잠재우듯
마침내 보리는
스스로 부서져서 빵이 될 줄을 안다.

이 땅에 가을이 돌아와

이 땅에 가을이 돌아와
풍성한 수확을 거둔다 하지만
기뻐하지만은 말아라.
기쁨 속엔 언제나 슬픔이 있는 법,
한 알의 싱그러운 능금 속에도
눈물은 고여 있나니
봄에 언 땅을 갈아 씨를 뿌리던
그 흰 옷의 농부를 생각하여라.
이 땅에 가을이 돌아와
만남의 감격으로 함께 어울려 뒹군다 해도
기뻐하지만은 말아라.
감격엔 항상 후회가 따르는 법,
한 잔의 달콤한 포도주 속에도
타는 목마름은 있나니
여름의 뜨거운 태양 아래서 김을 매던
그 흰 옷의 농부를 생각하여라.
이 땅에 가을이 돌아와
모두가 축제의 즐거움에 들떠 있다 하더라도
만족하지만은 말아라.
만족엔 항상 망각이 도사리는 법,
한 그릇의 하이얀 이밥에도

땀방울은 적셔 있나니
태풍에 쓰러진 벼들을 홀로 추스러 일으켜 세우던
그 흰 옷의 농부를 생각하여라.

보리가 저렇게

보리가 저렇게
하루하루 푸르러 가는 것은
저녁마다 하늘과 입맞춤하기 때문이지요.
보리가 저렇게
쑥쑥 자라는 것은
새벽마다 종다리의 노래를 듣기 때문이지요.
보리가 저렇게
알알이 이삭을 패는 것은
밤마다 별들을 따먹기 때문이지요.
하느님, 하느님,
이 저녁의 만찬엔 당신이 꼭 계서야 합니다.
이슬과 바람과 별로 차려진
우리들의 식탁,
촛불은 없어도 좋아요.
휘영청 밝은 달이 있으니까요.
보리가 저렇게
조용히 고개를 숙이고 있는 것은 오직
당신이 오시기를 고대하고 있기 때문입니다.

5부

천문대

하늘나라 백화점은
도시가 아니라 한적한 시골에 있다.
온 하늘 찌든 스모그를 벗어나
광란하는 네온 불빛들을 벗어나
청정한 산 그 우람한 봉우리에 개점한
매장.

하늘나라 백화점은 연말연시가 아니라
대기 맑은 가을밤이 대목이다.
아아, 쏟아지는 은하수,
별들의 바겐세일
부모의 손목을 잡은 채 아이들은 저마다 가슴에
하나씩 별을 품고
문을 나선다.

기다림 끝에

한 알의 능금 속엔
부신 햇빛이 고여 있다.
우주를 굽어보는 태양의
눈빛이,

한 알의 능금 속엔
푸르른 물소리가 고여 있다.
영원과 찰나를 오가는 바다의
해조음海潮音이,

한 알의 능금 속엔
맑은 향기가 고여 있다.
지상으로 떨어지는 별들의 마지막
입맞춤이,

아, 그 빛과 소리와 향기로
차오르는……
한 알의 사과를 따 먹는다는 것은
우주를 갖는다는 것이다.

그러나 아직 우리는 여름
기다리자.
능금은 가을에 익는다.
오랜 기다림 끝에 비로소 오는
우리들의 성숙.

삶 1

바람 앞에 섰다.
숨길 것 없이 맨가슴으로,
저 향그러운 남풍을
저 매서운 북풍을
가리지 않고 받는 나무.

햇빛 아래 섰다.
부끄럼 없이 맨몸으로,
저 뜨거운 폭양을
저 싸늘한 백광白光을
싫다 않고 받는 나무.

대지 위에 섰다.
굽힐 것 없이 맨다리로,
먼 지평선 굽어보며
먼 수평선 너머보며
버티고 선 나무.

나무는 항상
당당해서 나무다.
나무는 항상

순결해서 나무다.
바람과 햇빛과 흙으로 빚어진
영혼,

우리들, 나무.

낙숫물

겨우내 쌓인 눈이
처마끝에 낙숫물 지고 있다.
깊은 사사山寺에도 봄은 오는가.
돌, 돌, 돌,
얼음장 풀려
계곡에 물 내리는 소리.
흘러 흘러 바다로 간다지만
아니다. 물은
하늘로 간다.
가장 낮은 곳이 가장 높은 곳이 되는
물의 나라
법률,
문턱에 귀 대고 엿들으면
지난 봄 흩날리던
꽃잎 소리 들린다.
지난 여름 떨어지던
이슬방울 소리도 들린다.
모든 떨어지는 것들은 실은
위로 비상하는 것,
지상에는 다만
불과 얼음이 있을 뿐이다.

가슴을 풀고
우리도 물이 되어 흐르자.
푸르른 봄날엔
바다로 가자.

홀로가 아니랍니다

홀로라니요,
울 밑의 작약이
겨우내 언 흙을 밀치고 뾰족이
새움을 틔울 때
거기서 당신의 부드러운 손길을 보았는데요.

홀로라니요.
뒤란의 청포도가
푸른 하늘을 닮아 알알이
익어갈 때
거기서 당신의 눈빛을 보았는데요.

홀로라니요.
뜰의 국화가
노오란 그 꽃잎을 함빡
터뜨릴 때
거기서 당신의 향기로운 입김을 맡았는데요.

홀로라니요.
홀로 이 세상을 어떻게 살아갈 수 있겠습니까,
뒤켠의 소나무가

눈밭에 솔방울 하나를 툭 던질 때
거기서 당신의 말씀을 들었는데요.

하늘이 이렇게 푸르른 날,
내 어찌 당신 없이 홀로
이 세상을 살 수가 있겠습니까.

산행 山行

산으로 가는 길은 맨 먼저
누가 냈을까.
다람쥘까, 산토낄까, 아니면
우리네 옛 할머니일까,
웅녀熊女 할머니 처녀 적 고운 발바닥이
사뿐히 즈려 밟았을 점토 흙 풀섶엔
솜다리꽃 한 송이
맑은 향기를 품고 있는데
산으로 가는 길은 누가 왜
낸 것일까.
바람일지 몰라,
바다에서 불어와 산으로 가는 바람.
흰 구름일지 몰라,
산에서 일어 하늘로 가는 흰 구름.
들 끝나 산이 있고
산 끝나 하늘 있는데
다람쥐 따라 산토끼 따라
산으로 산으로 오르는 걸음,
하늘로 하늘로 내닫는
행보.

무심히

단풍 곱게 물드는
산山
아래
금가는 바위.
아래
무너지는 돌미륵.
아래
맑은
옹달샘.
망초꽃 하나 무심히 고개 숙이고
파아란 하늘 들여다보는
가을,
상강霜降.

산山의 잠

어젯밤 하늘이 몰래 내려와
산과 잠자고 가더니
이 아침
고사리 새순 도르르 말려
그것이 한 개 우주로구나.
풀잎에 떨어뜨린 별들을 보고
내 알았지,
쫑긋 귀 기울여 천둥소리 듣고
베시시 눈떠 흰 구름 보고……

그러므로 누구에게 물어보랴.
한 방울의 이슬 속에서 푸른 하늘을 보거니*.

* 윌리엄 블레이크의 시에 유사한 싯귀가 있음.

강물

무작정
앞만 보고 가지 마라.
절벽에 막힌 강물은
뒤로 돌아 전진한다.

조급히
서두르지 마라.
폭포 속의 격류도
소沼에선 쉴 줄을 안다.

무심한 강물이 영원에 이른다.
텅 빈 마음이 충만에 이른다.

시집가는 산

봄에
안개가 피어오르는 것은
시집가는 산이
면사포로
얼굴을 살포시 가리기 때문,

여름에
소나기 치는 것은
신방에 들기 전 산이
알몸으로
샤워를 하기 때문,

가을에
이슬이 내리는 것은
순결을 잃은 산이
소매 깃으로 살짝
눈물을 떨어뜨리기 때문,

겨울에
호수의 결빙된 수면이
살며시 산을 비추어보는 것은
초야初夜를 보낸 그가
거울로 말없이
자신의 알몸을 들여다보기 때문,

들꽃 3

젊은 날엔 저 멀리 푸른 하늘이
가슴 설레도록 좋았으나
지금은 내 사는 곳 흙의 향기가
온몸 가득히 황홀케 한다.

그때 그 눈부신 햇살 아래선
보이지 않던 들꽃이여,

흙 냄새 아련하게 그리워짐은
내 육신 흙 되는 날 가까운 탓,
들꽃 애틋하게 사랑스럼은
내 영혼 이슬 되기 가까운 탓,

아카시아

아카시아 꽃그늘에는
내 유년의 어머니가 숨어 있어
바람이 불 때마다
향긋한 그녀의 체취를 풍겨준다.
아카시아 꽃그늘에는
내 어릴 적 죽은 누이가 숨어 있어
바람이 불 때마다
알싸한 그녀의 머리 냄새를 풍겨준다.
아카시아 꽃그늘에는 또
내 청춘의 떠나버린 소녀가 숨어 있어
바람이 불 때마다
황홀한 그녀의 숨결을 풍겨준다.
나는 영원한 이들의 술래,
오늘같이 바람 센 날에는
문득 어디선가 그녀들이
뛰쳐나올 것 같아
가냘픈 목소리로
문밖
어디선가 아득히 날 부를 것만 같아…….

깨달음

적멸에 들었는가.
눈 나려 온통
은산銀山은 철벽鐵壁인데
밤 되어도
박사 한 마리 날지 않는다.
숲과 계곡과 절벽의 저
무거운 침묵.

돌연
그의 창가에서 구름을 걷고
보름달이 환하게 얼굴을 내밀자
아,
장엄하게 빛나는 화엄경華嚴境이여.
어디선가
절벽의 잘 생긴 전나무 하나
후드득
소스라쳐 온몸으로 눈발을 턴다.

산과 같이

삶이 고단하여
문득 어머니가 그리운 날엔
가까운 산이라도 가 볼 일이다.
산자락 한 끝을 잡고
가만히 귀 기울이면
청아한 솔바람 소리
애야 나무같이 살아라.

삶이 고단하여
문득 잃어버린 사랑이 그리운 날엔
가까운 산이라도 가 볼 일이다.
산 그늘에 앉아
갈매빛 봉우리를 치어다 보면
잔잔히 웃고 있는 푸른 눈매
흰구름같이 살아라.

삶이 고단하여
문득 영원을 생각하는 날엔
가까운 산이라도 가 볼 일이다.
숲 속에 앉아
조용히 귀 기울이면
지상의 어디선가 잎이 피고
또 어디선가는 잎 지는 소리.
하염없이 계곡물 흐르는 소리.

늘 푸른 눈매로

산이 말 없다는 것은
아무도
거짓일 게다.

여울물 굽이굽이 사연을 쏟고
솔바람 우우 어우르거니
산이 무심하다는 것은
정녕 거짓일 게다.

사람들아, 사람들아,
사랑에 눈 멀어
낮 꿈에 취한 사람들아,
암느루의 늘 푸른 눈매로
청산에 가서 누워라.
숲은 잠들지 않거니
한들
꿈인들 어지러울까.

한 방울의 이슬이
강물 되어 흐르는 사연을
우우, 솔바람 속삭이나니
산이 무심하다는 것은
정녕 거짓일 게다.

| 해설 |

대지의 눈물과 생태적 인간

이재복

(문학평론가 · 한양대 교수)

1. 불안은 어디에서 오는가?

근대 이후 인간을 지배하고 있는 저 어두운 그림자의 배후에는 무엇이 있을까? 그 어두운 그림자의 배후 어디에서도 그것을 드러내는 투명한 형상은 존재하지 않는다. 어두운 그림자는 인간의 무의식의 심층을 반영하고 있다는 점에서 그것은 끊임없이 우리를 추동하는 힘의 실체로 자리하기에 이른다. 어두운 심연의 저편에서 은밀하게 혹은 느닷없이 다가와 우리를 불안과 공포로 몰아넣는 그 힘의 실체는 무엇일까? 근대 이후 인간은 왜 불안으로부터 자유롭지 못한 것일까?

이 물음에 대한 답은 종종 '문명에 대한' 불안으로 이야기되어 왔다. 문명이 야기하는 광폭한 속도와 욕망이 인류의 미래를 불투명하게 할 뿐만 아니라 어떤 파국을 향한 암울한 전조를 드러내고 있다는 것이 바로 그것이다. 문명이 인간의 욕구를 충족

시켜 주기보다는 오히려 결핍을 더 확대 재생산함으로써 허무와 소외를 가중시켜 온 것이 사실이다. 문명의 발달에 따른 허무와 소외의 증대는 심리적인 황폐함으로 이어져 자칫하면 병적인 차원으로 전락할 위험성이 있다. 하지만 병적인 차원의 허무와 소외보다 더 위험한 것은 일종의 '망각'이라고 할 수 있다. 문명이 야기하는 속도와 욕망의 어두운 그림자를 떨쳐버리지 못한 채 그것에 함몰되어 버린다면 인간은 '자연'이라는 존재 자체를 망각하지 될 것이다. 문명에 의한 인간의 허무와 소외의 근본적인 원인은 자연으로부터 인간이 멀어진 데에서 비롯된 것이라고 할 수 있다.

  인간과 자연은 절대 분리될 수 없는 관계에 있다고 할 수 있다. 인간과 자연은 하나도 아니고 둘도 아니다. 자연으로부터 태어나 다시 자연으로 돌아가는 존재가 인간인 것이다. 자연과 이러한 관계를 유지할 때 인간은 감통感通이 가능하고, 항구恒久와 췌일萃一이 가능하여 분리에서 오는 불안으로부터 자유로울 수 있다. 이런 점에서 문명이 자연을 파괴하고 잠식하는 것은 단순한 생태적인 차원의 문제만은 아니며, 여기에는 심리적인 차원의 문제가 개입된다고 할 수 있다. 자연이 축소되거나 소멸되는 만큼 불안은 증가하며, 그것을 화려한 문명의 빛으로 감추려고 하지간 그 불안은 온전히 감출 수도 또 사라질 수도 없는 그림자와 같은 것이라고 할 수 있다. 고도로 발달한 문명 속에서의 자연은 인간의 외곽에 머무르면서 점점 깊은 망각의 저편으로 사라져버리고 만다. 자연의 망각은 사이비 혹은 유사 자연의 무한정한 생산으로 이어진다. 그것으로부터 자연과의 분리에서 오는 불안을 넘어서려고 하지만 그것은 어디까지나 사이비 혹은 유사 자연일 뿐이다.

　자연과 유사 자연의 문제는 엄청난 딜레마를 불러일으킨다. 둘 사이에 가로놓인 심연은 회복하기 힘든 것이 사실이다. 심연이 크고 깊을수록 불안 또한 크고 깊을 수밖에 없다. 유사 자연이 실재 자연만큼이나 자연스럽게 받아들이는 사람들에게 심연의 의미를 절실하게 인식시킨다는 것은 결코 쉬운 일이 아니다. 자연이 아니라 유사 자연이 더 자연스럽게 느껴지고 인식되는 아이러니한 상황에서 인간이 선택할 수 있는 길은 반드시 본래의 자연을 회복하는 것만은 아닐 것이다. 본래의 자연이 아니라 인공화 된 자연을 선택할 수도 있는 것이다. 생식기능을 하는 생명체의 차원을 넘어 사이보그화에 대한 인간의 관심과 열망이 그것을 잘 말해 준다. 인간의 상상 속에서는 이미 이러한 상황이 하나의 가능한 사건이 된 지 오래다.

　사이보그화 된 유사 자연이 새로운 인간의 영역으로 수용된다면 문명의 발달로 인한 자연과의 분리에서 비롯된 불안은 어떻게 되는 것일까? 그 불안 역시 사이보그화 된 체계 속에서처럼 조절되고 통제되는 것일까? 하지만 불안의 통제와 조절이 가능하려면 인간은 온전히 사이보그가 되어야 한다. 인간의 뇌를 온전히 통제하고 조절하여 불안을 제거하는 일은 그것이 생명체인 한 불가능하다. 지금까지 인간의 과학은 저 길가에 아무렇게나 피어 있는 들꽃의 신비조차도 해명하지 못하고 있기 때문이다. 인간의 몸이 완전히 사이보그로 바뀐다면 그것이 가능할지 모르지만 그 경우에는 새로운 존재가 출현한 것으로 보아야지 사이보그를 인간의 정체성을 계승한 존재로 볼 수는 없다. 인간이 인간으로서의 정체성을 지니고 있는 한 자연과 유사 자연 사이의 딜레마는 계속될 것이고, 그것은 곧 불안의 지속을 의미한다. 어쩌면 인간은 자연으로부터 너무나 멀리 와 있는지도 모른다. 하지만 입과 코 등 몸의 구멍으로 숨을 쉬는 한 인간은 자연으로부터 분리되어 생존할 수 없다. 자연으로부터 분리된 인간의 불안의 최대치가 어두운 그림자를 물고 올 때 문명의 화려한 빛이 우리 인간의 미래가 될 수 없다는 자각을 하게 될 것이다. 이런 점에서 볼 때 자연의 회복이 전제된 오래된 미래야말로 우리 인간의 불안을 잠재울 가장 현실성 있는 대안은 아닐까? 가장 현실성 없는 것처럼 보이던 것이 가장 현실성 있는 것으로 바뀌는 이 극적인 전환의 순간이야말로 참다운 인류사적인 혁명(개벽)의 순간은 아닐까?

2. 슬픈 대지의 몸

자연의 회복은 자연 스스로에 의해 이루어지는 것이 가장 이상적이지만 지금, 여기의 상황에서라면 그것은 불가능하다. 스스로 회복하기에는 너무나 상처가 크고 또 깊다. 하지만 자연의 상처는 스스로 초래한 것이 아니라 인간이라는 존재의 과도한 욕망에 의해 저질러진 것이다. 이 사실은 자연 회복의 책임이 인간에 있으며, 그것에 대해 일정한 죄의식을 가져야 한다는 윤리적인 문제를 내재하고 있다는 것을 의미한다. 자연의 회복을 위해 인간은 자연이 그렇게 해 온 것처럼 '보살핌의 윤리'를 발동해야 한다. 어머니가 자식을 보살피듯 혹은 자식이 어머니를 보살피듯 그렇게 인간은 자연을 대하고 아픈 상처를 어루만져 주어야 한다.

자연에 대한 인간의 보살핌의 윤리를 실천하기 위해 가장 필요한 것은 자연 자체를 인간과 동등한 존재로 인식하는 것이다. 자연을 하나의 물질적인 대상으로 인식하는 것이 아니라 인간과 동등한 생명체, 다시 말하면 몸을 가진 존재로 간주할 때 보살핌의 윤리는 성립될 수 있다. 자연을 관조적인 대상으로 간주하거나 인간의 향유를 위한 조건 정도로만 간주해서는 보살핌의 윤리는 성립될 수 없다. 인간이 아주 작은 느낌만으로도 자신의 존재성을 감지하는 것은 몸 때문이듯이 자연을 하나의 몸으로 간주하면 그것이 드러내는 온갖 변화와 흐름에 대해 인간은 아주 민감하고 섬세한 반응을 보일 수밖에 없을 것이다. 지금 자연의 몸은 인간에 의해 만신창이가 된 지 오래다. 문명화라는 명분 아래 자연은 야만으로 간주되어 아주 비천한 것으로 전락하기에 이른다. 자연은 문명화를 위해 희생을 감수하지 않을 수 없다는 논리가 정당성을 획득하게 된 것이다.

　그렇다면 자연이 하나의 몸이라는 사실에 대한 자각이 이러한 비천함과 희생의 굴레에 놓인 자연을 구제할 수 있을까? 동일한 인간이면서도 남성과 여성의 몸을 구분해 온 저간의 사정을 고려한다면 자연을 하나의 몸으로 인식하는 것 역시 일정한 한계를 드러낼 수밖에 없다. 하지만 여성의 몸이 억압받고 있다는 자각이 일어나게 된 데에는 몸에 대한 성찰과 반성이 있었기 때문이다. 여성의 몸의 월경, 임신, 수유, 낙태 같은 일련의 생명 활동이 그것을 단순한 대상이 아닌 타자의 영역 안으로 수용하여 보살핌 내지 친밀함의 윤리를 자각하게 한 것이라고 할 수 있다. 여성이나 자연의 몸에 대한 이러한 자각, 다시 말하면 보살핌의 윤리의 시작은 타자의 고통을 외면하지 않는데서 비롯된다고 할 수 있다. 타자의 고통스러운 얼굴은 보편적인 인간성을 열어주는 길이다. 타자의 얼굴에 직면할 때 나는 그곳에서 모든 사람들을 만날 뿐만 아니라, 나의 재산과 기득권을 버림으로써 타자와 동등한 사람이 된다. 타자의 얼굴을 받아들임으로써 나는 인간의 보편적 결속과 평등의 차원에 들어간다.(임마누엘 레비나스, 『시간과 타자』, p.140) 이러한 타자의 고통스러운 얼굴과의 대면을 시인은

> 만성 위염으로
> 기운이 쇠진하여 이제 드러눕게 된 몸,
> 영양제, 항생제로 겨우겨우 버티다가
> 할 수 없이 이 봄
> 외과 처방을 받는다.
>
> 지력地力이 다해 복토한 논을
> 오늘 처음으로 흙을 골라 골을 치고
> 써레질한다.
>
> 위 졸개 봉합 수술.
> ―「녹토覆土」 전문

혹은

> 지구는 습진으로 피부가 짓물었다.
> 농경이다. 개발이다. 파헤치는 산과 들,
> 가려움 참을 수 없어 지친 몸을 뒤튼다.
>
> 따끔따끔 쏘는 빈대, 사정 없이 무는 벼룩,
> 혈관에서 뽑는 석유, 살 속에서 캐는 석탄,

괴로움 참을 수 없어 팔다리를 비튼다.
―「지진」 전문

라고 고백한다. 대지와 지구가 시인에게 하나의 몸으로 인식되고, 그 몸의 고통을 시인은 외면하지 않는다. 대지와 지구의 고통이 언어나 말에 앞서 몸으로 감지된다는 것은 반성의 정도에 차이가 존재한다는 것을 의미한다. 언어나 말보다 몸으로 하는 반성이 더 진정성을 갖는 것은 그것이 존재의 의미를 온전히 지니고 있기 때문이다. 언어나 말은 존재의 결핍을 드러내지만 몸은 그렇지 않다. 몸은 모든 존재의 흔적을 문신처럼 지니고 있다. 이런 점에서 볼 때 진정한 반성은 몸을 통해 이루어져야 하며, 언어나 말을 통한 반성 역시 몸에 대한 사유 속에서 재창출되어야 하고 또 우리의 존재 이해를 재형성하여야 한다. 근대 혹은 근대 문명의 한계는 바로 이러한 몸에 대한 사유의 부재에서 기인한다고 할 수 있다. 만일 대지나 지구를 몸에 대한 사유 속에서 재창출하고 그 존재 이해를 재형성해 왔다면 근대 이후 직면한 생태계의 위기는 초래되지 않았을 것이다. 대지와 지구는 시인의 말처럼 이제 '외과 처방과 봉합 수술을 받아야 할 정도'로 생존의 위기에 직면해 있기 때문에 관념적이고 표피적인 반성으로는 치유와 회복이 불가능하다고 할 수 있다.

대지와 지구의 치유와 회복이 불가능하다는 것은 그것이 '살림'이 아니라 '죽임'의 형상을 하고 있다는 것을 말해 준다. 살림이 아닌 죽임의 형상은 근대 문명이 지니고 있는 어두운 그림자에 다름 아니다. 문명이 지배력을 행사하면 할수록 대지와 지구의 살아 있는 영역은 그만큼 죽임의 영역으로 바뀌게 된다. 시인은 그 과정이 야기하는 공포를 '그린벨트'의 비유를 통해 선명하게 제시하고 있다. 시인이 보기에 그린벨트는 '인간과 자연이 평화롭게 공존하는 영역을 표상하는 것이 아니라 둘 사이의 대치와 전선戰線을 표상하는 불안과 공포의 영역'이다. 무자비한 문명의 침공이 대지는 그저 '파아랗게 떨고 있는 형국'(「그린벨트」), 그것이 바로 그린벨트가 표상하는 세계인 것이다. 대지의 마지막 보루인 그린벨트마저 무너지면 '그린'은 사라지고 말 것이다. 그린이 사라지면 어떤 일이 벌어질까? 그린이 사라지면 모든 것이 사라지고 마는 것일까? 물론 아니다. 그린이 사라진 자리를 문명화 된 인공물이 대체하기 때문이다. 살림의 세계가 끝나면 죽임의 세계가 그 자리를 대신하여 사이버 자연 곧 인공화 된 유토피아를 창출하게 되는 것이다.

> 우주가 여기 있구나.
> 삼라만상森羅萬象 두두물물頭頭物物
> 없는 것 없다.
> 심지어 하늘 높이 매달린 태양
> 그 휘황한 조명 아래
> 모든 사물들 각자 제자리를 지킨다.
> 여기는 들인가,
> 꽃에서 곡식, 채소까지……
> 여기는 산인가,
> 나무에서부터 돌, 쇠붙이까지……
> 여기는 바단가,
> 어류에서부터 조개, 진주까지……
> 일사불란.
> 그러나 아무것도 살아 있는 것은 없구나.

…(중략)…
지구 최후의 날,
이성理性만 남고
인간이 죽어버린 이 세계를 나는 오늘 문득
여기서 본다.
—「슈퍼마켓」 부분

 시인은 인공화 된 유토피아를 '슈퍼마켓'에서 발견한다. 슈퍼마켓은 또 다른 우주 그 자체이다. 비록 인공이긴 하지만 태양이 있고, 산, 들, 바다가 또한 존재한다. 인간은 이 우주의 인공 생태계 속에서 자신의 삶을 향유한다. 현대인들에게 슈퍼마켓으로 표상되는 이 인공 생태계는 마치 우리가 숨을 쉬듯이 그렇게 자연스러운 시공성을 지닌다. 너무나 자연스럽기 때문에 그것이 인공 생태계라는 사실을 망각한다. 이들의 망각은 망각 자체로 끝나는 것이 아니라 죽임의 세계를 영속화시키는 방향으로 나아가게 된다. 죽임의 영속화는 곧 살림에 대한 자각을 불가능하게 한다. 시인이 두려워하고 있는 것이 바로 그것이다. '아무것도 살아 있는 것이 없다'는 시인의 탄식의 이면에는 이러한 죽임의 세계의 영속화에 대한 불안이 깊숙이 내재해 있는 것이다. 죽임의 영속화가 무엇을 의미하는지를 누구보다도 잘 알고 있기 때문에 시인은 그것에 대해 날카로운 반성적 예지력을 드러낸다. 시인은 죽임의 영속화의 원인을 인간의 '이성理性'으로 보고 있으며, 그것이 결국에는 인간 자신을 죽이는 아이러니를 연출하게 된다는 것이다.

 인간이 죽어버린 세계를 본다는 것은 일종의 묵시록적인 공포를 환기한다. 자신이 죽어버린 세계를 자신이 볼 때 불안과 공포는 최고에 달하게 된다. 슈퍼마켓으로 표상되는 인공 생태계 속에서 인간 자신이 죽어버린 세계를 발견한다는 인식은 인공화 자체가 결국에는 타자에 대한 보살핌을 넘어 나 자신에 대한 보살핌의 문제로 이어진다는 것을 의미한다. 타자로 존재하는 대지 혹은 지구와 인간 주체의 관계는 하나도 아니고 둘도 아닌, 다시 말하면 대지 혹은 지구의 아픔이 곧 나의 아픔에 다름 아니라는 사실을 말해 준다. 아픈 대지 혹은 지구의 몸과 나(인간)의 몸이 하나라는 사실에 대해 자각할 때 인공화로 인한 죽임의 세계의 종말이 어떠하리라는 것을 보다 직접적으로 느끼고 성찰하고 반성하게 될 것이다. 대지나 지구와 "한 몸 이룰 생각은 않고"(「굽이굽이 계곡을 돌면」) 그것들을 자꾸 배제하고 소외시키려는 인간의 사고와 행동이 계속되는 한 죽임의 세계를 넘어 살림의 세계로 나아가는 일은 불가능하게 될 것이다.

3. 생명의 힘과 한 알의 우주

대지와 지구의 몸이 아프고 병들면 어떤 심각한 일이 벌어질까? 이들이 아프고 병들어 죽게 되면 인류가 종말을 고하는 것은 당연하다. 하지만 이러한 생각은 인간중심 혹은 인류중심주의적인 발상이다. 대지와 지구가 아프고 병들어 죽게 되면 인간만이 아니라 무수한 생명들도 종말을 고하게 된다. 대지와 지구는 생명들로 가득 채워져 있다고 해도 과언이 아니다. 인간이라는 생명체는 그 무수한 생명체 중에 하나에 불과한 것이다. 인간만이 유일무이한 생명체라는 인식으로 인해 지금 그 무수한 생명체들이 모두 소멸의 위기에 처해 있다고 할 수 있다. 인간 생명과 다른 무수한 생명 사이에는 우열의 논리가 성립될 수 없다는 인식이 무엇보다도 중요한 이유가 바로 여기에 있다. 이성을 기준으로 보면 인간이 우월하지만 생명의 기준으로 보면 인간만이 우월하다고 할 수 없다. 생명의 차원에서 보면 인간이나 다른 동식물 사이에 격차가 있을 수 없다. 이 사실은 아프고 병든 대지와 지구를 위해 우리 인간이 할 일이 위기에 처한 생명을 회복시키는 일이라는 것을 의미한다.

대지와 지구가 하나의 살아 있는 몸이기 때문에 그것을 대하는 인간의 태도 역시 그러해야 한다고 할 수 있다. 마치 인간의 몸을 대하듯 대지와 지구의 몸을 대하여야 한다. 무수한 생명을 잉태한다는 점에서 대지와 지구는 여성의 몸으로 보아도 무방하다. 생명의 잉태는 음양의 조화의 산물이며, 그것의 조율 속에서 생명은 우주적인 의미를 획득하게 되는 것이다. 가장 이상적인 음양의 조화는 우주의 리듬에 승순承順하는 것이며, 이때 주체로서의 인간의 몸과 타자로서의 대지와 지구의 몸 사이의 경계가 해체되면서 위대한 합일이 이루어지는 것이다. 인간의 몸과 대지(지구)의 몸 사이의 합일은 어느 일방에 의해 이루어지거나 통속적인 것이 아니라 둘 사이의 자연스러운 접촉과 융화에 의해 이루어지는 신성하고 숭고한 것이라고 할 수 있다. 몸과 몸 사이의 이러한 합일은 생명사름을 전제로 한 것이기 때문에 진정한 차원의 에로스 혹은 에로티시즘을 구현하는 행위로 보아도 무방하다고 할 수 있다. 몸과 몸을 통한 합일의 행위가 천박하고 통속적인 것으로 인식되는 데에는 이러한 생명사름의 신성함과 숭고함이 배제되었기 때문이라고 볼 수 있다. 몸과 몸의 합일의 진정한 아름다움은 그것이 생명사름을 지니고 있을 때 드러난다고 할 수 있다.

>농부는
>대지의 성감대가 어디 있는지를
>잘 안다.
>욕망에 들뜬 열을 가누지 못해
>가쁜 숨을 몰아쉬기조차 힘든 어느 봄날,
>농부는 과감하게 대지를 쓰러뜨리고
>쟁기로
>그녀의 푸른 스커트의 지퍼를 연다.
>아, 눈부시게 드러나는
>분홍빛 속살,
>삽과 괭이의 그 음탕한 애무, 그리고
>벌린 땅속으로 흘리는 몇 알의 씨앗.
>대지는 잠시 전율한다.
>맨몸으로 누워 있는 그녀 곁에서
>일어나 땀을 닦는 농부의 그 황홀한 노동,
>그는 이미
>대지가 언제 출산의 기쁨을 가질까를 안다.
>그의 튼실한 남근이 또
>언제 일어설지를 안다.
>―「농부」 전문

농부와 대지와의 교감을 에로틱하게 그리고 있는 시이다. 농부의 양(남근)과 대지의 음이 만나 출산의 기쁨으로 이어지는 과정이 생명으로 충만해 있다. 이 충만함은 대지의 생명 리듬에 대한 농부의 감각으로부터 온다. 농부는 대지의 성감대를 누구보다도 잘 알고 있기에 자신과 대지의 몸의 애무를 통해 오르가슴에 이른다. 대지의 몸의 전율은 농부의 이러한 황홀한 노동의 결과이다. 대지의 리듬을 탈 정도로 농부의 감각은 이미 충분히 대지의 몸과 교감을 하고 있고, 그 감각은 출산의 시간과 자신의 남근이 일어설 시간까지를 예견하게 한다. 농부의 몸에 대지의 시간이 각인됨으로써 농부의 노동은 여기에 맞춰 행해질 수밖에 없다.

이처럼 농부가 대지에 순응한다는 것은 곧 자연이나 우주에 순응한다는 것을 의미한다. 대지의 변화는 자연이나 우주의 변화만큼 장구하며, 여기에 순응하며 살아가는 농부야말로 진정한 자연인 혹은 우주인이라고 할 수 있다. 대지에 순응하며 사는 농부는 그 장구한 시간 동안 축적된 경험을 지니고 있기 때문에 변화에 대해서도 또 미래에 대해서도 불안해하지 않는다. 봄이 오면 쟁기로 대지를 갈아엎고 몇 알의 씨앗을 떨어뜨린 뒤 싹이 돋으면 정성스레 가꾸고 그것이 열매를 맺으면 수확을 하면 되는 것이다. 여기에 요령이나 편법은 통하지 않는다. 대지를 몸으로 느끼고 대지의 마음을 읽는 농부야말로 진정한 생태주의자라고 할 수 있다. 시인이 꿈꾸는 생태주의자의 궁극이 농부의 모습에 내재해 있으며, 인류의 미래의 모습도 이러한 농부나 오래된 대지의 풍경 속에 내재해 있는 것이다.

그러나 대지가 가지는 원시적이고 장구한 생명의 힘은 인간의 이성이 침투할 수 없는 영역이 존재함에도 불구하고 그것을 수와 문자로 개념화하고 체계화함으로써 그 신비로운 생명의 힘은 점점 약화되거나 소멸되기에 이른다. 인간은 물론 온갖 존재자들은 모두 생명의 신비로움을 지니고 있다. 하나하나의 개체 생명들의 신비로움은 최첨단의 현대 과학으로도 그 실체를 해명하지 못하고 있을 뿐만 아니라 앞으로도 온전히 해명할 수 없을 것이다. 하나하나의 개체 속에는 우주 생명이 깃들어 있으며, 그것을 자각하는 일이야말로 생명에 대한 이해의 시작이라고 할 수 있다. 개체 속에 깃든 생명을 그냥 생명이 아니라 우주 생명이라고 명명하는 것은 하나의 생명이 우주적인 힘의 작용에 의해 탄생하기 때문이다. 이런 점에서 볼 대 생명은 독립적으로 존재하는 것이 아니라 므한한 관계 속에서 존재한다고 할 수 있다.

  한 알의 능금 속엔
  부신 햇빛이 고여 있다.
  우주를 굽어보는 태양의
  눈빛이,

  한 알의 능금 속엔
  푸르른 물소리가 고여 있다.
  영원과 찰나를 으가는 바다의
  해조음海潮音이,

  한 알의 능금 속엔
  맑은 향기가 고여 있다.
  지상으로 떨어지는 별들의 마지막
  입맞춤이,

  아, 그 빛과 소리와 향기로
  차오르는……
  한 알의 사과를 따 먹는다는 것은
  우주를 갖는다는 것이다.
  ―「기다림 끝에」 부분

시인은 '한 알의 능금'에 대해 상상한다. 한 알의 능금이 다양한 물질적인 성분으로만 이루어진 존재로 인식한다면 그것은 지극히 이성적인 논리로 능금을 이해하는 것이다. 능금은 이성의 투명함으로 해명할 수 없는 생명의 신비로움이 존재한다. 시인은 그것을 '햇빛, 물소리, 향기' 등 자연적이고 우주적인 질료로 표상한다. 능금을 인공적인 물질이 아닌 자연적인 질료로 본다는 것은 그것을 하나의 생명체로 인식하고 있다는 것을 의미한다. 능금 안에 우주 생명이 깃들어 있다는 인식은 능금을 인간의 이성에 입각해서 분석하고 해체하는 것을 불가능하게 한다. 우주 생명은 분석과 분리가 아닌 종합과 통합의 방식으로 바라볼 때 그 진면목이 드러난다고 할 수 있다. 능금 안에 우주 생명이 깃들어 있다면 우리는 그것을 하나의 물질로 간단히 치부해 버릴 수 없다. 우주 생명이 깃든 능금은 경외와 공경의 대상으로 존재하는 그 무엇이라고 할 수 있다.

생태주의 혹은 생명주의 담론이 일정한 성과를 거두기 위해서는 능금의 경우처럼 경외와 공경이라는 윤리적인 감각이 전제되어야 한다. 경외와 공경이라는 윤리적인 감각 없이 과학이나 테크놀로지 차원에서 생태주의 혹은 생명주의 담론이 전개된다면 그것은 마치 영혼이 없는 육체만을 가지고 몸을 이야기하는 것과 다를 바 없다. 육체 없는 영혼도 문제지만 영혼 없는 육체는 더 큰 문제라고 하지 않을 수 없다. 우주 생명의 흐름에서라면 영혼과 육체 혹은 이성, 감성, 영성은 분리되어 있는 것이 아니라 하나로 통합되어 있는 것으로 볼 수 있다. 통합이나 종합의 감각이 부재하다면 어떻게 한 알의 능금 속에 깃든 '햇빛, 물소리, 향기' 같은 생명을 감지할 수 있겠는가? 가령 "어젯밤 하늘이 몰려 내려와/산과 잠자고 가더니/이 아침/고사리 새순 도르르 말려/그것이 한 개 우주로구나."(「산山의 잠」)에 드러난 '한 개 우주'나 "보리가 저렇게/하루하루 푸르러 가는 것은/저녁마다 하늘과 입맞춤하기 때문이지요."(「보리가 저렇게」)에 드러난 '보리와 하늘의 입맞춤'이라는 말도 마찬가지이다. 우주 생명이 '하나' 혹은 '온'이라는 사실을 이해하지 못한다면 어떻게 하늘이 산과 잠자고 그로 인해 고사리 새순이 말리는 우주의 생명 활동을 이해할 수 있겠는가? 능금 한 알이나 좁쌀 한 알에 깃든 우주 생명을 감지하는 능력을 지닌 생태주의자 혹은 생명주의자의 눈에 모든 생명체는 그저 외경스럽고 공경에 마지않는 황홀한 존재인 것이다. 존재의 황홀함을 우주 생명을 통해 경험하고 싶은 시인의 의지가 행간에서 강하게 느껴질 때마다 생명을 가진 존재에 대한 외경과 공경의 정도 역시 그만큼 강하게 드러난다.

4. 곤계 · 무심 · 어울림

우주 생명에 대한 이해의 첫 단계가 차갑고 투명한 이성이 아니라 다듯하고 불투명한 감성과 영성이라는 사실은 저간의 인류 문명을 추동해 온 현대 과학과 테크놀로지의 한계와 위험성을 예각화하고 있다는 점에서 주목에 값한다. 우주 생명도 투명한 이성의 논리로 해명할 수 있다고 호언장담해 온 인간의 저 오만과 편견이 어떠한 결과를 초래했는지에 대해 조금이라도 성찰하고 반성해 보았다면 그러한 태도는 정말로 부끄러운 행태라고 하지 않을 수 없다. 길가에 핀 흙먼지 뒤집어쓴 잡초의 신비조차도 해명하지 못하고 있는 현대 과학을 신처럼 떠받들고 있는 인간의 행태란 참과 거짓 혹은 사실과 소문 사이의 괴리에서 오는 아이러니의 극치를 보여주고 있다고 해도 과언이 아니다. 인간의 이러한 독선과 아집이 우주 생명을 난도질하여 대상화함으로써 생명 자체를 고립과 소외의 상태에 이르게 했다고 할 수 있다.

우주 생명의 근원적인 존재 형태란 고립과 소외가 아닌 '관계'에 있다고 할 수 있다. 우주 생명 하나하나가 서로 원처럼 연결되어서 '온생명'을 이루며, 인간 생명도 그중의 하나에 불과한 것이다. 그럼에도 불구하고 우주 생명의 무한 관계성을 망각한 채 인간은 우월과 특권 의식을 내세워 그 황금의 연결고리를 파괴하는 범죄를 저지르기에 이른다. 우주의 생명과 생명이 평등한 관계로 연결되면서 황금의 연결고리를 이루고 있는 상태가 바로 생태계인 것이다. 그것은 인간에 의해 좌지우지될 수 없는 이 우주의 법인 것이다. 우주의 생명의 황금 고리를 파괴한 벌을 인간은 반드시 받게 되겠지만 그에 앞서 자신이 저지른 행위에 대해 성찰하고 반성하는 것이 먼저라고 할 수 있다. 우주 생명의 관계성을 회복하기 위해 시인은 '홀로'라는 인식을 끊임없이 해체하여 그것을 재구성하려고 한다. 홀로가 아닌 무한한 관계성 속에 자신이 놓여 있다는 인식은 다른 생명에 대한 공경과 평등에 대한 민감한 자의식이 전제되어야 한다. 이러한 자의식의 발로가 바로 타자의 존재에 대한 인정이다. 자신이 홀로가 아니라는 것은 내가 또 다른 타자를 상정한다는 것을 의미한다. 가령 그것은

홀로라니요,

울 밑의 작약이
겨우내 언 흙을 밀치고 뾰족이
새움을 틔울 때
거기서 당신의 부드러운 손길을 보았는데요.

홀로라니요.
뒤란의 청포도가
푸른 하늘을 닮아 알알이
익어갈 때
거기서 당신의 눈빛을 보았는데요.

홀로라니요.
뜰의 국화가
노오란 그 꽃잎을 함빡
터뜨릴 때
거기서 당신의 향기로운 입김을 맡았는데요.

홀로라니요.
홀로 이 세상을 어떻게 살아갈 수 있겠습니까,
뒤꼍의 소나무가
눈밭에 솔방울 하나를 툭 던질 때
거기서 당신의 갈쑴을 들었는데요.

하늘이 이렇게 푸르른 날,
내 어찌 당신 없이 홀로
이 세상을 살 수가 있겠습니까.
—「홀로가 아니랍니다」 전문

에서처럼 당신이라는 타자의 존재를 끊임없이 환기시키는 대목에서 잘 드러난다. 이 시에서 당신은 마치 신과 같은 존재로 인식되지만 이때의 신은 꼭 유일신만을 의미하는 것은 아니다. 이때의 신은 어떤 개인이 아니라 우주 생명 전체로서의 신을 의미한다고 볼 수 있다. 모든 존재자는 그 안에 각자각자 신령스러운 것을 지니고 있고, 그것이 외적인 기의 작용과 결합하여 커다란 우주 생명을 이룬다고 볼 때 시에서의 당신 혹은 신은 각자각자의 관계를 통해 창출된 존재라는 것을 알 수 있다. 우주 생명이 가치가 있고 아름다운 것은 관계를 통한 어울림에서 기인한다고 할 수 있다. 우주 생명은 홀로가 아닌 늘 관계를 통한 어울림으로 드러나며, 여기에 우주 생명의 존재 의의가 있는 것이다.

우주 생명의 차원에서 보면 무엇 하나 허투루 관계하고 또 어울리는 것은 있을 수 없다. 지금까지 밝혀진 우주 생명 중에서 허투루 존재한 것은 인간밖에 없다. 우주의 거대한 변화 속에서 생명은 순리대로 관계하고 또 어울리면서 그 장구한 역사를 이어가고 있는 것이다. 우주의 장구한 역사는 곧 생명의 역사라고 해도 과언이 아니다. 인류 문명의 속도에 길들여진 현대인들이 보기에 우주 생명의 속도는 느리게 느껴질 수 있다. 하지만 그것은 결코 느린 것이 아니다. 우주 생명의 속도는 느리지도 빠르지도 않는 늘 적정한 속도를 유지한다고 볼 수 있다. 따라서 이 거대한 우주 생명의 속도를 몸으로 느끼면서 사는 인간은 문명의 속도에 절대 절망하지 않고 자신만의 속도를 유지하면서 그저 무심하게 살아갈 뿐이다. 시인의 꿈꾸는 삶 역시 이런 무심함에 있다고 할 수 있다. 시인은 "산이 온종일/흰 구름 우러러 사는 것처럼/그렇게 소리 없이 살 일이다./여울이 온종일/산 그늘 드리워 사는 것처럼/그렇게 무심히 살 일이다./꽃이 피면 무엇하리요./꽃이 지면 또 무엇하리요."(「산문山門에 기대어」)라고 고백한다. 소리 없이 무심히 살고 싶은 시인의 희구는 관계를 통한 우주 생명의 어울림 속에서 자연스럽게 이루어질 수 있는 것이다. 무심과 관계 혹은 무심과 어울림이라는 이 반어적이고 역설적인 구도 속에 우주 생명이 존재한다는 사실은 현대 문명과 함께 앞으로 시인이 좀 더 깊이 있게 탐구해야 할 우리 생태시의 화두라고 할 수 있다.